Bom louro

CB070043

Bom louro

Cecília Rocha e Zaira Silveira

FEB

4ª edição – 1ª impressão – 2 mil exemplares – 6/2013

ISBN 978-85-7328-742-4

FEDERAÇÃO ESPÍRITA BRASILEIRA – FEB
Av. L 2 Norte – Q. 603 – Conjunto F (SGAN)
70830-030 – Brasília (DF) – Brasil
www.feblivraria.com.br
editorial@febnet.org.br
+55 61 2101 6198

Pedidos de livros à FEB – Departamento Editorial
Tel.: (21) 2187 8282 / Fax: (21) 2187 8298

Texto revisado conforme o Novo Acordo Ortográfico.

Dados Internacionais de Catalogação na Publicação (CIP)
(Federação Espírita Brasileira – Biblioteca de Obras Raras)

R672b Rocha, Cecília, 1919-2012

Bom louro / Cecília Rocha e Zaira Silveira; [Ilustrações: Rebouças & Associados]. – 4. ed. 1. imp. – Brasília: FEB, 2013.

30 p.; il. color.; 25 cm – (Coleção Lições de vida)

ISBN 978-85-7328-742-4

1. Literatura infantojuvenil. I. Silveira, Zaira, 1939–. II. Federação Espírita Brasileira. III. Rebouças & Associados. IV. Título. V. Coleção.

CDD 028.5
CDU 087.5
CDE 81.00.00

APRESENTAÇÃO

Com o objetivo de divertir e possibilitar a aquisição de conhecimentos e valores éticos, estamos oferecendo ao público infantil esta coleção de livros de histórias.
Esta coleção, que se destina a crianças de cinco e seis anos, foi escrita em linguagem acessível a este público, com textos curtos, enriquecidos de ilustrações que permitem à criança a visualização e a concretização dos conteúdos apresentados.
Acreditamos que o manuseio destas obras poderá despertar nas crianças hábitos de boa leitura e entendemos que os exemplos de comportamentos morais aqui sugeridos poderão servir de modelo a ser imitado.
Consideramos, ainda, que esta coleção de livros auxiliará os pais na seleção de obras infantis que, certamente, irão colaborar com a educação de seus filhos.

As Autoras

Chovia muito quando o avô de Bárbara e Betinho entrou em casa com os sapatos pesados de água e lama.

— Que tempo! – exclamou. – Está horrível aí fora!

— E o pior – disse a avó – é que eu vou precisar sair para comprar alguma coisa para o lanche.

Depois que a avó saiu, Betinho perguntou:

— Vô, podemos levar nossos brinquedos para o galpão? Lá é melhor... Podemos brincar melhor... A gente pode brincar de índio... Correr... Pular...

— É mesmo! – exclamou Bárbara.

— Aqui está tão escuro!... Deixe, avozinho... Assim o senhor poderá descansar um pouco, sem se aborrecer com nossos gritos.

O avô achou a ideia muito boa e, após agasalhar bem as crianças, levou-as até o galpão.

— Hora essa! – exclamou Betinho. – Não trouxemos o Louro!

— Não se incomodem... Eu vou buscar o Louro – disse o avô. – É bom mesmo que ele fique com vocês.

E, num instante, vovô foi e voltou com o papagaio na mão.

— Cuide bem das crianças, hein? – disse o avô, acariciando a cabecinha verde do papagaio.

E o bichinho parecia ter concordado, pois sacudia a cabeça como a dizer sim.

As crianças começaram a brincar, enquanto a chuva caía no telhado de zinco, tocando uma musiquinha bem interessante.
Elas estavam encantadas com a música produzida pela chuva que caía no telhado.

Mas, além do barulho da chuva no telhado, havia um outro, diferente. A menina quis logo saber que barulho era aquele.

O irmão, então, tranquilizou-a, dizendo:

— Não é nada, Bárbara. Deve ser um ratinho... E eu não tenho medo de ratos!

— Nem eu — disse a menina.

Z Z Z Z

De repente, Beto começou a rir... E observou:
— É vovô, tirando uma soneca... Você sabe, quando ele dorme faz um barulhão...
Os dois meninos riram muito... E continuaram a brincar.

A certa altura, Bárbara disse ao irmão:
— Sabe de uma coisa?... Já estou cansada de correr e de pular. Vamos deitar um pouquinho naquele monte de palhas? Elas parecem tão macias...
Beto concordou e os dois se atiraram no monte de palhas para descansar.

Então, logo começaram a piscar... A piscar... Foram fechando os olhos e, em pouco tempo, já estavam dormindo. E o Louro? Onde estava ele? Ah!... Continuava empoleirado, com a cabeça embaixo da asa, bem quietinho.

A chuva parecia ter cansado também, pois havia parado.
De repente, o papagaio levantou a cabeça, olhou para um lado, olhou para o outro... Depois, gritando, voou para cima das crianças, que acordaram assustadas.

— Hum!... Que cheiro de fumaça! — exclamou Beto, esfregando os olhos.

— Olhe ali! — gritou Bárbara, já em pé. — A fumaça vem daquele monte de palhas!... Vamos depressa chamar o vovô!

RAÇÃO

E, num instante, entraram em casa, contando tudo ao avô. Vovô tocou o sino grande. Os empregados vieram correndo. Os vizinhos também e, em pouco tempo, não havia mais sinal de fumaça.

— O Louro cuidou de nós, como o Senhor encomendou – disse Betinho abraçando o avô. Todos rodearam o papagaio, e vovô, acariciando sua cabecinha, falou com voz emocionada:

— Bom Louro! Bom Louro!

Foi uma grande risada quando o papagaio, repetindo bem alto "Bom Louro, bom Louro!", foi parar em cima da cabeça do vovô.

Como funciona?

Utilize o aplicativo QR Code no seu aparelho celular ou *tablet*, posicione o leitor sobre a figura demonstrada acima, a imagem será captada através da câmera do seu aparelho e serão decodificadas as informações que levarão você para o *site* da Editora.

Conselho Editorial:
Antonio Cesar Perri de Carvalho – Presidente

Coordenação Editorial:
Geraldo Campetti Sobrinho

Produção Editorial:
Fernando Cesar Quaglia

Coordenação de Revisão:
Davi Miranda

Revisão:
Rosiane Dias Rodrigues

Capa:
João Guilherme Andery Tayer

Projeto Gráfico e Diagramação:
João Guilherme Andery Tayer

Ilustrações:
Rebouças & Associados

Normalização Técnica:
Biblioteca de Obras Raras e Patrimônio do Livro

Esta edição foi impressa pela Edelba Gráfica Ltda., Erechim, RS, com tiragem de 2 mil exemplares, todos em formato fechado de 200x250 mm. Os papéis utilizados foram o Couché Brilho 115g/m² para o miolo e o cartão Supremo 250g/m² para a capa. O texto principal foi composto em fonte Amaranth 17/23.